# PEINDRE AVEC DES MOTS - UN RECUEIL DE POÈMES

Cathy McGough

Stratford Living Publishing

# Remerciements

Chers lecteurs,

Merci d'avoir choisi de lire ce recueil de mes poèmes. J'ai écrit mon premier poème "Le début" lorsque j'étais au lycée à Stratford, Ontario, Canada. La poésie a toujours été mon premier amour.

Merci également à mes parents, à qui ce livre est dédié, et à ma grand-mère, qui était elle-même poète.

Merci à mes chers amis qui ont accepté mes aspirations d'intello.

Et merci à ceux qui m'ont aidée à mettre au point ce nouveau livre. Je n'aurais pas pu le faire sans vous !

Comme toujours,

BONNE LECTURE !

Cathy

# Table des matières

Pour maman et papa

# CHÂTEAUX DANS LES AIRS

J'étais un oiseau
  Une fois
  Mais je n'ai pas aimé la liberté
  Quand j'ai vu jusqu'où
  Je pouvais voler
  Sans me fatiguer
  Sur un siège, dans un avion
  Je désirais ardemment être un
  Gens
  Ils semblaient
  Fort et logique
  Et j'admirais comment
  Ils essayaient de
  de s'améliorer
  Tandis que je tournais en rond
  Portée par les rafales
  Et je regardais mes bébés
  mourir de faim
  Au printemps.

Et c'est ainsi que
Je suis devenue
Une dame pastèque
Planter et semer
Cueillir et vendre
Dormir
La moitié de la journée
Travailler pour un salaire de misère
Et regarder mes enfants
Mourir de faim toute l'année.

J'étais un oiseau
Autrefois
Et je n'aimais pas
La liberté
Et maintenant c'est
Ce que je veux être
Au lieu d'une
Femme pastèque.

J'étais un oiseau
Autrefois
Mais je n'ai pas aimé
La liberté,

L'herbe est toujours plus verte
L'herbe est toujours plus verte
C'est ce qu'ils disent toujours
Je préférerais redevenir un oiseau
Au lieu d'être une femme pastèque.

# CECI POUR VOUS RAMENER

Des visages, qui entrent et sortent de l'esprit
   Souvenirs d'étoiles qui ont brillé
   Ouvertures et fermetures
   Solitudes bondées
   Qui sont ces personnes ?
   Une enfant apparaît dans la fleur de la jeunesse
   Pressant son visage contre la fenêtre
   Elle se demande quelle est la vérité
   Son attention semble faiblir
   Quand elle regarde les bonbons autour d'elle
   Et se demande s'ils sont gratuits.
   Mon enfant, ta maman ne t'a-t-elle pas dit
   Que rien n'est gratuit
   Tout a un prix
   Tout le monde a un prix à payer.
   Les visages, les rêves d'autrefois
   S'estompent et se transforment en nouvelles rimes
   Alors que nous suivons les traces
   De nos héros décédés

A la recherche de visages
Qui n'existent pas

# JOURNÉE DE TRAVAIL

Enveloppe désastreuse
  Rembourré
  Parois violettes
  Enfermé
  Prisonnier.
  Tenté d'être libéré
  En liberté conditionnelle
  Mais je suis retombé dedans
  Avant de pouvoir
  Me sortir de là
  Dans cet endroit
  Il y a des machines
  Qui vous incitent à
  Travailler
  Comme une machine
  Et quand vous refusez
  Elles vous brisent
  Tu t'effondres
  "Écoute le clavier
  Sans moi
  Tu n'es rien !

Rien de ce que je dis !

Souviens-toi juste de ça
Ok alors. Ok".

Souris sans fil
Saisit
l'occasion
de s'échapper
Saute et
se jette dans
dans une très grande
très grande tasse de café.

Vapeur
Streaming
HURLANT !
Petit feu
Oups !

# GEAIS BLEUS ET KOOKABURRAS

# TOUT SAUF L'AMOUR

Tu m'as donné des fleurs
Tu m'as donné des bonbons
Mais ce n'était pas assez.
Tu m'as emmenée en voiture
Dans des endroits prestigieux
Mais ce n'était pas assez.
Tu m'as donné tout ce que
Tout ce que tu pouvais imaginer
Tout sauf l'amour
Oui, tout sauf l'amour.
Tu m'as raconté des blagues
Tu m'as fait rire
Mais ce n'était pas assez.
Tu m'as donné du temps
Tu m'as donné de l'espace
Mais ce n'était pas assez.
Tu m'as donné tout ce
Que tu pouvais penser
Tout sauf l'amour
Tout sauf l'amour.
Combien de temps j'ai attendu un tendre baiser

Un signe, une demande en mariage ou une bague
Mais jour après jour, année après année
1 + 1 n'ont rien donné.


Tu m'as raconté des blagues
Tu m'as fait rire
Mais ce n'était pas suffisant.
Tu m'as donné du temps
Tu m'as donné de l'espace
Mais ce n'était pas suffisant.
Tu m'as donné tout ce
Que tu pouvais imaginer
Quand tout ce que je voulais c'était ton amour
Chérie, tout ce que je voulais vraiment, c'était ton amour

# PERSONNIFICATION

Tournant autour de toi
    Comme une toupie
    Sans réfléchir
    Rebondissant de mur en mur
    S'autodétruisant
    Mais en continuant à avancer
    Sans prendre le temps de réfléchir
    Ou de reprendre son souffle
    Les murs changent de position
    Comme des scènes d'un film de famille
    Les couleurs se mélangent
    S'affolent
    Le plafond vole par-dessus et par-dessous
    Et se confond avec le sol
    Comme un enfant avec un kaléidoscope
    Tu changes le cadre
    Prenant plaisir à ma chanson
    Jusqu'à ce que je me défasse
    Et que je m'échappe par le plafond
    Dans une relation plus significative

# LE POUPON DE PAPIER

La poupée de papier est emmêlée dans le tourbillon du vent
    Vidée de ses émotions, elle virevolte et tourne.
    Elle fait des pirouettes comme une ballerine.
    Elle se remémore les échecs et les regrets de la vie.
    Elle essaie frénétiquement de s'échapper de ses griffes.
    À ses oreilles, le vent murmure des viols.
    La poupée de papier est déchirée de membre en membre
    Un simple souvenir de ce qui aurait pu être.
    Elle ne ressent aucune douleur car elle n'est qu'une enfant
    Elle ne ressent rien.
    Entendez les cris des enfants qui se retournent dans leur sommeil
    Dans les rêves de leur sommeil
    Protégez-les des tourbillons de la vie.

    Courez, enfants, courez,
    Il n'y a pas de chaînes pour vous lier plus longtemps.
    Protégez-les des tourbillons de la vie.

# TU TE RÉVEILLES PENDANT QUE JE DORS

Tu te réveilles pendant que je dors
    Fais tes valises
    Tu m'embrasses sur la joue
    Tu murmures doucement "au revoir".
    Je te regarde partir
    Bien que tu ne le saches jamais
    Car dans tes yeux
    Je dors paisiblement
    Tournant le dos à ton espace vide
    Des larmes, des sanglots, de la pitié pour moi
    Le sommeil est le bienvenu

    Mon esprit cherche le tien
    Ils jouent ensemble au chat et à la souris
    Notre amour est comme avant
    Je suis toi. Tu es moi.

Le soleil apporte le matin
Je tends la main vers ton espace vide
Je suis enveloppé dans ton étreinte
L'amour t'a ramené aujourd'hui
L'amour t'a ramené pour rester.

Tu te réveilles pendant que je dors
Tu fais tes valises
Tu m'embrasses sur la joue
Tu murmures doucement "au revoir".
Je ferme la porte à clé. J'attache la chaîne.
Cette scène ne se reproduira plus jamais.

# DE LA NOURRITURE POUR LA MUSE

Viens à moi, ma belle feuille
　Tombe dans mon étreinte
　Baigne-moi dans tes couleurs vives
　Vole vers moi dans la grâce.
　On dit de la feuille qu'elle n'a pas d'âme
　Je dis que c'est faux
　Car tu danses en harmonie
　Tandis que le vent joue ta chanson.
　Maintenant je te prends dans mes bras et je pleure
　Le saignement de tes veines
　La couleur s'écoulant dans la couleur : la beauté
　Ce sont tes restes.

　Compagnon de bavardage croustillant
　Des semelles de chaussures qui chatouillent
　Inspiration automnale :
　Nourriture pour la muse.

# RIDEAU DE BRUME

A travers le brouillard épaissi
  J'ai vu une paire d'yeux de marbre
  Ne reflétant rien, ils sifflaient
  S'inclinant dans leur déguisement
  Les étoiles tombaient comme la neige
  Dans leur forte perception
  Captivé par leur éclat
  J'ai marché dans leur direction.
  Elles étaient insensibles et creuses
  Transmettant leur rayon silencieux
  À travers le brouillard sans fin, j'ai vu
  Le clair de lune avait commencé à dégeler
  J'ai levé les bras pour attraper la vérité
  Le jugement est arrivé, j'ai perdu ma jeunesse.
  Toutes mes émotions se sont vidées
  Au matin, il restait
  Sous le ciel bleu clair et gris
  Deux paires d'yeux de marbre.

# DERNIÈRE DANSE

Tenir ta photo dans mes bras
    Dansant ensemble sur le sol
    Presque comme cela aurait pu être
    Si seulement tu m'avais aimé davantage
    Assez proche pour sentir les battements de ton cœur
    Tourbillonnant ensemble dans un nuage imaginaire
    Peignant le monde d'un éclat brillant
    Chuchotant ton nom à voix haute.
    Dansant, bien que la musique soit terminée
    Avec des larmes qui coulent sur mon visage
    Car j'ai vu ce qui aurait pu être
    Et je l'ai perdu sans laisser de trace.

# JE PEUX VOLER

Au bord de l'eau
  Vents gémissants
  Des manches qui s'agitent
  Toujours prêt
  Besoin de
  Vol en solitaire
  Jupes ondulantes
  Pied gauche en arrière
  Pied droit en avant
  Posé
  Regard d'ange
  Juste là
  Cheveux cuivrés flottants
  Lèvres qui goûtent
  Sel de mer
  Tout prendre
  In
  Connaissant
  Qui je suis
  Pourquoi je suis ici
  Les ailes

Flottant
Le battement du battement du battement
Je sais
Que je dois
S'envoler.

Car
Je vis sur
de l'imagination
De l'imagination
Là où les pieds
Ne désirent plus
Le sol
Je vois
Tout
D'un point de vue unique
unique
Je suis un poète
Un auteur
et
je peux voler.

# EN SURFACE

Miroir,
    Tu me reflètes avec le licenciement
    Sur moi s'inscrit
    L'incertitude couleur chair.
    Miroir,
    Tu te moques de la perfection
    Avec ce reflet irréfléchi
    Et le résultat est toujours le même
    Dans ton cadre : Je reste inchangé.
    Écrit entre les lignes
    Déguisé poétiquement
    Des traits incontournables
    S'écoulent sans harmonie.
    Miroir : J'adhère à ce que je vois
    Car je suis toi, de part en part
    Mais parfois, le reflet
    J'aimerais te ressembler.

# JOLIE PETITE CHOSE

Jolie petite chose
   S'assoit de manière ornementale
   Saluant tous ceux qui entrent
   Avec la plus grande cordialité.
   C'est la plus belle fille
   qu'ils aient jamais vue
   Avec ses mèches dorées
   et ses yeux verts.
   C'est une poupée de porcelaine
   qui a pris vie
   Un jour, elle fera d'un homme
   Une merveilleuse épouse.
Jolie petite chose
   Sourit de façon angélique
   Chantant des comptines
   Pour la compagnie de ses parents
   Elle ne parle que
   Quand on lui parle
   Elle ne pense jamais -
   N'a aucune raison de le faire
   Elle est aussi jolie qu'un tableau

Elle ferait honte à Mona Lisa
Et cette enfant de femme
Joue le jeu de l'étiquette.
Jolie petite chose
Ne remet jamais en question
Les convenances de ses parents
Parce que tout ce qu'elle a toujours été
C'est un ange
sur leur arbre de Noël.

# CRUCI-FICTION

Ton corps est lié
   En forme de croix
   Tu es suspendu là, désespéré
   Pour l'éternité.
   Ils auraient réparé
   Tes mains et tes pieds
   Mais les clous étaient rouillés
   Et les vaccins contre le tétanos
   N'avaient pas encore été inventées.
   Ils auraient soigné
   Vos flancs
   Mais quand ils se sont tenus
   A côté de vous et qu'ils ont regardé
   Par le trou béant
   La vue du monde
   à travers ton âme
   était à couper le souffle.
   Ils auraient enlevé
   La couronne
   Mais les taches de sang
   Tombaient sur ton front

Formant des formes
Comme de délicats
pétales de rose.


Passant d'une station à l'autre
Resserrant mon emprise
Sur le chapelet noir
Il se brise
Les perles roulent partout:21
Sous les bancs
Dans les allées.
Je fais une génuflexion
En ramassant chaque petit
pétale de rose noire
Puis je les rassemble
dans mon chapeau.
A l'extérieur
Le vent les attrape
Les soulève
Vers le ciel
Corbeaux noirs
S'envolent hors de portée
Déposant des couvertures
Sur les sans-abri
Les croyants
Les non-croyants
Et moi.

# RÉSURRECTION

Dériver dans le vide
  Se répandant comme une rumeur
  La feuille flotte au fil de l'eau
  Présence fantomatique d'un rêve.
  Feuille écrasée et brisée
  Atteint le rivage
  Enrobée de sucre par le sable
  Sans vie à jamais.
  La feuille sèche et renaît
  Soulevée par le souffle d'un ange
  Gabriel souffle dans sa corne
  Feuille après la mort.

# LE TEASER

Il m'a demandé et j'ai dit "je ne peux pas"
Il m'a demandé et j'ai dit "je neus a shan't".
Il me le demande tous les jours. Il me le demande tous les soirs.
Il reste dans l'espoir qu'un jour je puisse le faire.
J'essaie de gagner du temps et je suis la seule à savoir pourquoi.
Je ne suis pas dans un trip de pouvoir ! Oh non, pas moi !
Parce que je déteste faire du mal à mon homme.
Ce n'est pas facile de voir un adulte pleurer.
Pourtant, je dois le repousser.
Pourtant, je dois le voir froncer les sourcils.
Pourtant, j'ai la foi qu'il va rester.
(Je pense qu'il m'aime, d'ailleurs.)
Un jour, j'en serai sûre.
Un jour, le moment sera bien choisi.
Je lui ouvrirai mon cœur
Et l'obscurité se transformera en lumière.


J'espère que tout ce secret

ne ruinera pas notre avenir. Vous voyez :
Ce retard n'est pas le fruit du hasard
Il est comme Astaire et je ne sais pas danser.

# LE DÉBUT

Je me suis assis
  Sous une couverture d'obscurité
  Il y avait un nuage
  Qui ne voulait pas se dissiper.
  L'amour,
  s'est refroidi dans ton cœur
  Mais quand tu m'as dit
  J'étais trop confus
  Pour réaliser que tu essayais de me dire
  La vérité.
  Maintenant,
  Tout seul
  A l'orée des bois
  Je chante.
  Mon esprit s'étend
  Je chante
  Jusqu'à ce que la voix résonne
  Et je me souviens
  Que c'était "notre chanson"
  Et la guérison commence.

# POURQUOI MOI ?

Le refrain est répété à plusieurs reprises
Interrompant l'harmonie interne
Alors que la fantaisie avec des charmes sans fard
Envoie mon amour dans les bras d'un autre.
Les souvenirs se brisent sur le sol
Voix étouffées par des froncements de sourcils récessifs
Chuchotements, confusion mais c'est la vie
S'adapter à la calme réalité de la vie.
Oh la pluie n'en finit pas
Et la brise envoie toujours
Ses messages d'empathie à mon égard.
Dans un avenir incertain
Le battement des gouttes
Perce mes oreilles de silence
Et les larmes me laisseront de marbre
Au bout de l'arc-en-ciel
Thésaurisation mon pot d'or.

# L'ARBRE

Combien d'années
  Combien de temps, quel âge ?
  Les arboriculteurs réfléchissent,
  Les bourgeons de la connaissance se déploient.
  En quête de demain
  Au dieu de toute la création
  Des doigts angéliques se tendent
  Dans une motivation en bois.
  Planter et replanter,
  Former un projet fidèle à la nature
  Par le vent et la pluie
  Ils sont monumentalement structurés.
  Si Dieu a créé une chose qui a besoin d'amour
  Ce doit être un arbre
  Car l'homme n'a que deux bras
  Pour s'allonger, pour toucher, pour prier
  Mais les arbres ont des branches, qui poussent sur des branches
  S'inclinant devant le vide dans la ronde de la vie.

# LES YEUX DU CIEL

C'était au début
Avant que le temps ne saute un battement
Il y a bien longtemps
Il est entré dans mon sommeil.
Je suis sûr que vous ne vous souviendrez pas
Les derniers mots qu'il a prononcés
Avant que le prêcheur
Déclarait que mon amour était mort.
Mon amour a parlé de nombreux anges
Qui venaient pour son âme
Il a dérivé dans un sens et dans l'autre
Et a finalement perdu le contrôle.

Je me suis agenouillée à ses côtés
Essayant désespérément de ne pas pleurer
Mais les larmes ont débordé
Et c'est ainsi qu'il m'a dit au revoir :
"Plus de larmes, plus de larmes
Dieu vient chercher mon âme
Je peux voir les étoiles venir
Plus près du lit

Elles scintillent et étincellent
Dans ma tête
Et mon rêve
Se réalise.
Je suis destinée à briller
Et à vous guider.
Fais-moi un vœu
Faites-moi un vœu."

Ce soir et chaque soir
Une chaîne d'étoiles éclaire mon chemin
Leurs yeux rajeunissent mon esprit
Alors que la nuit se transforme en jour.
Mon amour est une étoile dans le ciel
Dérivant dans les bras de l'espace
Et un jour nous serons ensemble
Dans un autre temps et un autre lieu.

# L'ÉTAPE FINALE

La lumière brille à travers la face des nuages
   Le bleu est clair dans tes yeux translucides
   Les averses ne peuvent aveugler cette étreinte céleste
   Les larmes ne peuvent pas tacher ce visage cristallisé
   Ne supporte pas la douleur, ne ferme pas l'esprit
   Les gouttes de larmes tombent, me laissant aveugle
   Mais je peux toujours puiser en toi, en l'amour.
   Si par hasard ton ballon est libéré de sa captivité
   Ne blâmez pas le sort ou le destin
   Atteindre votre bulle pourrait la faire éclater
   L'éclatement de votre bulle serait une erreur fatale
   Car même les nuages sont jaloux de ceux qui sont
enchaînés
   Ils sont trop libres, ils voyagent sans contrainte.
   Tracez la photographie dessinée pour l'enfant
   Destinée à la recherche de la douceur et de l'humilité.
   Remplissez les visages vides avec quelques phrases
oubliées
   Dupliquer et procéder.

# CHANT DE LA MER

Il était facile alors
  D'errer
  Sans but
  Sans souci
  Ou quoi que ce soit
  De remettre en question votre existence
  Ou briser votre bulle.


  Mais à ce moment-là
  Je suis venu
  Et tout ce qui t'entoure
  Semblait être faux
  Et injuste
  Et tu t'es sentie différente
  Et tu as essayé de me modeler
  Pour que je
  m'adapte à ta place
  Mais ce n'était pas le cas
  C'était trop difficile
  De trouver un chemin

Qui nous gardait ensemble
Quand nous marchions tous les deux
Sur de la glace fine.
L'un pouvait partir
L'un pouvait rester
C'était facile alors
Avant que tu ne me laisses sombrer
Pour la troisième fois.

# LE PEINTRE QUI NE SERA JAMAIS

Les couleurs appelées
  A lui
  Dans la nuit
  Arthritique
  Instable
  Vieux
  Incertain
  Il a essayé
  En vain
  De créer
  Un chef-d'œuvre
  Pour vivre
  Après son départ
  Au lieu de cela
  Les mondes s'entrechoquent
  La mer et le ciel se sont mélangés
  Une dame souriante a pleuré
  Bousculade
  Trébuchant

Glissant sur
Palette
Peinture
Corps
Un.


Pinceau
Peintre
Un.


Le soleil s'est levé
dans la paix et la sérénité
Alors qu'il marchait
vers
Le bord
de la montagne.


Il a coulé
du pinceau
Dans les bras ouverts
De la mer
Où il est devenu
Le peintre qui ne sera jamais.

# BEAU COUCHER DE SOLEIL

Beau coucher de soleil
  Descendant pour saluer la mer
  Père céleste
  Beau coucher de soleil
  Descendant pour saluer la mer
  Père céleste
  Tendre la main aux libres
  Images vivantes,
  Saisir l'éternité
  Les couleurs dansent
  Chemins sinueux
  Allant on ne sait où
  Des nuages qui tournent
  Convoités par le vent
  Diamants résonnants
  Chantent la nuit
  Les silhouettes de l'obscurité
  Le clair de lune du jardin
  Tous sont réticents

Calme et serein
C'est le miracle
Le miracle de la nature.


Les moments sont passés
Les jours passent
Les années passent
Et vous continuez à rêver votre vie loin
Pourquoi rêver
Quand la nature t'appelle à venir jouer ?

# GARÇONS AVEC JOUETS

Quand le monde s'écroule sous les coutures
    Et que nous cherchons tous une réponse à apporter
En écoutant les garçons menacer avec leurs jouets
Des jouets qui pourraient nous anéantir, toi et moi.

    Je me tiens au pied de la rivière qui coule
    J'attends une voix, une voix de bon sens
    Les bras du vent me serrent si fort
    Je frémis devant l'impuissance de l'homme.

    L'histoire a donné au monde des hommes et des femmes
    Des leaders qui ont utilisé la plume au lieu de l'épée
    De grands écrivains qui n'ont pas eu peur de s'exprimer
    Pour mettre ce qui était juste sur les registres.

    Dickens, Longfellow, Emerson et Thoreau,
    Ils étaient des hommes de paix, ils parlaient pour tout le monde.
    Où sont les leaders, les poètes d'aujourd'hui ?

C'est à eux que je lance cet appel.

Car les dirigeants du monde sont en crise
Je crains l'avenir - pas le mien mais celui de mon fils
Il faut que quelqu'un se lève pour prendre le contrôle
Au lieu de garçons avec des armes et des fusils.

Qui sont les poètes de l'année 2003 ?
Qui êtes-vous ? Où êtes-vous ? Entendez mes cris !
Parlez maintenant ou taisez-vous à jamais
Ce poète attend vos réponses avec impatience.

# UNE DE CES JOURNÉES...

Vous est-il déjà arrivé d'avoir une de ces journées ?
  Vous savez, ceux
  Quand aucun courriel n'arrive
  et que vous avez répondu à tous les courriels de la veille
  Et que tu souhaites recevoir un courrier postal
  Mais la boîte aux lettres est vide
  À l'exception d'un prospectus de Pizza Hut


  Vous est-il déjà arrivé d'avoir une de ces journées ?
  Vous savez, ceux
  Quand le passé ne veut pas s'arrêter
  Et le petit déjeuner non plus
  Le déjeuner ou le dîner
  Et vous espérez toujours être sauvé
  Mais vous n'êtes pas sûr de savoir de quoi


  Vous est-il déjà arrivé d'avoir une de ces journées ?

Vous savez ceux
Quand une pie sur le fil à linge
Vous observe, comme un ami perdu depuis longtemps
Quelqu'un que vous avez rencontré une fois, un esprit
dans votre vie
Essaie de faire passer un message
Et vous vous demandez qui vous l'a envoyé


Vous est-il déjà arrivé d'avoir un de ces jours ?
Vous savez, ceux
Quand quelqu'un vous coupe la route dans la circulation
Et que vous avez envie de lui lire l'acte d'émeute
Mais vous décidez de ne pas le faire parce que la vie est
trop courte.
En outre, il pourrait s'agir de quelqu'un que vous
connaissez
La tromperie se cache derrière les vitres teintées


Vous est-il déjà arrivé d'avoir une de ces journées ?
Vous savez, ceux
Quand la page reste vide
Et que votre seul désir est de la remplir
Mais votre esprit reste en désordre
Aujourd'hui, je passe une de ces journées
As-tu déjà eu une de ces journées ?

# L'ART D'ÊTRE PARENT

Les enfants sont le miroir de votre vie
  Ce qu'ils savent, ce qu'ils apprennent vient de vous
  Vous vous inquiétez de vos fondations, cela vous cause des soucis
  Parce que tout ce que vos parents vous ont appris, c'est ce qu'il ne faut PAS faire.

  N'oubliez pas que les enfants vivent à chaque instant...
  Clic-Clic-Clic vont les caméras dans leur esprit
  Pour eux, la vie est un magasin de bonbons où l'on passe ses journées à
  à ouvrir des emballages, à faire des choix de toutes sortes.

  Dieu donne aux parents une toile vierge : un enfant.
  Lorsque vous peignez, l'amour inconditionnel transparaît
  La connexion de l'arc-en-ciel parental - d'eux à vous.

  La vie est courte, votre temps est bien employé
  à perfectionner l'art d'être parent.

# STEAMY

Mon amour et mon miracle, à moi tout seul
Comment tu as changé mon existence
Ta vie et la mienne sont intimement liées
Chaque jour, tu fais étalage de ta générosité.
Remplie à ras bord et prête à partir
Je pousse tes boutons, c'est mon désir
Pendant 45 minutes, vite, plus vite, puis lentement
La vapeur monte, monte, monte, de plus en plus haut
Tu te tais alors, dans toute ta splendeur
Chaque jour, je t'aime davantage.


Dans tout ce monde, c'est toi que je préfère
Il n'y a rien de tel qu'un bon lave-vaisselle.

# LA MAIN GLACIALE DU TEMPS

La main glacée
  du temps
  Vole le sable
  De mon enfant.
  Il dort maintenant
  Calmement
  Innocemment
  paisiblement
  Parfois il
  Se tourne vers moi
  Et pleure
  Ou gémit
  Dans la douleur
  Dans son sommeil
  Il tend la main
  Je caresse
  Nous ne nous touchons pas
  Nous nous rejoignons
  dans l'esprit.

Souvent
Je me demande
S'il sait
Que le
sablier
est rempli
de son
sang de vie
et qu'il
Descend
En double temps.

Je prie
Qu'un jour
Il reviendra
revienne à la maison
Qu'un jour
Je puisse tenir
Mon enfant
Pour l'instant
Ce cercueil de verre
est tout ce qu'il connaît.

# CHANSON DE L'AUTOMNE

Les feuilles crissent sous mes pieds
Un claquement de doigts dans mon esprit
Montée, descente - les semelles embrassent le sol
Les souvenirs tourbillonnent dans tous les sens.

Les feuilles étaient parfumées et musquées
Nous les avons empilées jusqu'au ciel - très haut -
La paille d'une citadine. Nous avons sauté en criant
"Jeronimo !"
Elles étaient aussi douces que la neige vierge.

L'automne nous a pris dans ses bras et nous a tenus,
amoureusement.
Au fil des saisons.  Nous étions des enfants de
l'automne.
Nous avons pris vie - quand les feuilles ont commencé
à tomber
Nos esprits ont déchiffré l'appel de Mère Nature.

Les feuilles se rassemblent sur le pas de ma porte et attendent
Mes sœurs et mes frères sont venus m'appeler
L'esprit de l'automne me soulève du fauteuil roulant
Nous dansons tous ensemble dans la foire d'automne de l'éternité.

# LE CERCLE : UNE TRILOGIE

## UN MESSAGE À MON ENFANT À NAÎTRE

Enfant, mon enfant
  Protégé du monde
  En sécurité dans mon ventre.

  Enfant, mon enfant
  Ne voyant pas et ne sachant pas
  L'état de malheur du monde.

  Enfant, mon enfant
  Tu es moi.
  Je suis ta mère.

  Enfant, mon enfant

Je suis toi.
Je t'aimerai comme personne d'autre.

Enfant, mon enfant
La paix. Priez pour la paix.
Le temps ne peut pas guérir tous les chagrins.

Mon enfant, mon enfant
La paix. Prie pour la paix.
Tu es l'espoir de tous les lendemains.

Mon enfant, mon enfant
Le cœur bat, les membres se forment
Tu es l'enfant à naître, l'innocent.

Enfant, mon enfant
Tu es mon espoir pour l'avenir
Tu es l'avenir, pour tous.

# LE CERCLE UNE TRILOGIE:

## BONNE NUIT, MON PETIT

Heaven n'est pas loin
   C'est là qu'il est allé jouer
   Dansant sur un nuage si léger
   Il éblouit tout le monde en s'envolant.

   Le petit esprit qui vivait en moi
   Maintenant son âme a été libérée
   Mon ventre est vide, il n'est plus
   Et pourtant je ne suis plus ce que j'étais.

   En le voyant, sans vie, attaché à un seul être
   La fin de la vie ne fait que commencer.
   Je m'abandonne, l'enfant n'est plus à moi
   Au ciel, éternellement divin.

# LE CERCLE : UNE TRILOGIE

## MINUSCULES ANGES

Shhhhhhh.
  Écoute.

  Je les entends chanter

  Écoute.

  Tu les entends aussi ?

  Écoute.

  Leurs voix

  Remplissent mon cœur.

Il est si plein

Je crains

Qu'il n'éclate

en moi.

Écoutez.

Arrêtez ce que vous faites et

écoutez.

Faites-moi confiance.

Il est là avec eux.

Écoutez

De tout votre cœur et de toute votre âme.

Écoutez...
Shhhhhhhhhh.

# LA PRIÈRE DU MARIAGE

Quand la photo dans le cadre se fissure
Et que les vœux de mariage échappent à l'esprit
Quand seuls les souvenirs sont sur la bonne voie
Et que les larmes de malheur vous rendent aveugle
Alors peut-être devez-vous vous éloigner
Tourner le dos à tout ce que vous connaissez
Il est peut-être temps, vous avez tout essayé
Et vous vous sentez encore un peu vide.
Avant de partir et de faire vos valises
Parle à celui que tu aimes, tends-lui la main
Ouvre-lui ton cœur, ton âme
Et peut-être que vous pourrez tout arranger
Trop souvent, nous abandonnons et nous partons
Quand nous pensons avoir fait de notre mieux
Si l'amour était là, il peut grandir à nouveau
Même après une courte période de repos
Je ne cautionne pas le fait de rester dans l'abus
Dans ce cas, il faut aller vers d'autres horizons

Mais si vous pensez que votre relation n'a plus de raison
d'être
Alors laisse ton cœur te guider et tu suivras
Car le monde est solitaire et froid
Sans quelqu'un avec qui partager
Et n'oubliez pas que vous vieillissez
Et que quelqu'un à vos côtés se soucie de vous.
Alors, recommencez à zéro, sortez la romance de l'étagère
Donnez de la vie à une relation qui s'est étiolée
Vous ne le regretterez pas, faites-le pour vous !
Le véritable amour ne peut jamais échouer.

# BEAU IDÉAL

La beauté ne calme jamais
  Ceux qui pleurent
  La beauté ne réchauffe jamais
  Un adieu froid

  Quand le cœur saigne
  L'ego a besoin d'être nourri
  Et la beauté n'est pas un alibi
  Car elle ne calme jamais
  Ceux qui pleurent

  Quand on est amoureux
  La beauté est partout
  Quand on n'aime plus
  La seule beauté est dans le désespoir.

# PÈRE ET FILS

Le père apprend à son fils à devenir un homme
Le fils apprend au père à redevenir un enfant
Ensemble, ils marchent main dans la main
Les regarder, pour moi, c'est grandiose
Ils sont tous les deux magiques
En regardant les Thunderbirds le samedi
Le père s'inquiète, peut-il être l'homme
Son enfant l'idéalise, bien sûr qu'il le peut.
Car son enfant voit qu'il est fort et chaleureux
Et qu'il le protégera de tout mal
Il ne le décevrait pour rien au monde
Le père l'a aimé bien avant sa naissance
Le père apprend à son fils à devenir un homme
Il en est ainsi depuis la nuit des temps.

# HORS D'ATTEINTE

Et je passerai
　　Près de toi comme une brise
　　Et ne toucherai pas
　　Ni ne laissera de trace
　　Que j'ai été
　　Seulement le doux parfum
　　Des marguerites et des trèfles.

# NE M'OUBLIEZ PAS
# MON ENFANT

Ne m'oubliez pas, mon enfant
  Du champ d'or
  Laisse-les tomber
  Et le message sera révélé
  N'utilise pas tes pétales
  Pour cacher les larmes
  Ne te protège pas
  De leurs ricanements
  Car ta beauté est trop grande
  Pour être jamais cachée
  Ne m'oublie pas, enfant
  Du champ d'or.

# MAINS

Mains
  Nous devons chérir
  Les mains
  Pour tenir
  Pour atteindre
  Trop froides
  Pour enseigner
  Les mains
  Se déplaçant sur les pages
  Sur les corps
  Caresses innocentes
  Les mains
  Tenues
  Promesses non tenues
  Doigts
  Maintenant déchaînés
  Boîtes
  Remplies de
  Cercles brisés
  Mains
  Nous devons chérir

Mains
Vides
Mains
Mains ridées
Mains
Atteindre
Les mains

Les idées fusent
De ces mains
Toujours chéries
Sont les mains
D'un artiste.

# IL M'AIME

# IL NE M'AIME PAS

Une fleur a poussé
   Elle était toute neuve et printanière
   J'ai cueilli la fleur
   Pour voir si notre amour était vrai
   J'ai arraché ses pétales
   Et je l'ai déchirée
   Pendant que l'image se développait
   Dans mon cœur plein d'espoir.

   Là, sur l'herbe veloutée
   La fleur morte est restée
   J'ai régné en tant que reine des cœurs.
   Et en tant que reine de cœur, j'ai pleuvoir.

# IGNORAMOUS

Je t'ai perdue dans le lendemain
   Un hier qui n'est pas passé
   J'ai fermé les yeux de chagrin
   Et avant qu'un moment ne s'écoule
   L'amour a disparu, et toi avec
   Je n'aurais jamais pensé que cela
   Pouvait arriver à quelqu'un comme moi
   Le moins que tu aurais pu faire
   C'était de me dire au revoir comme il se doit !

# METTRE UN BANDAID

J'ai mis un pansement sur ton puzzle
   Après que tes pièces se soient éparpillées partout
   J'étais ton gilet de sauvetage
   Quand tu as chaviré dans la mer
   J'ai réparé ton cœur brisé
   Brisé au-delà de toute réparation
   Je t'ai tiré vers le haut, je t'ai soulevé
   Des profondeurs du désespoir.

   Maintenant je me cache dans cette cabane de
l'imagination
   A la recherche de gentillesse et de conseils
   Ne demandant à personne, qui me réparera ?
   Demandant à l'air, comment est-ce possible ?

   J'ai fait de toi ma mission, ma bonne action de la journée
   Je t'ai enlevé toute ta tristesse
   En retour, tu as déchiré mon cœur en deux
   Maintenant j'ai l'impression de porter des chaussures en
ciment
   Et je suis perdue dans un vide bondé

Errant, cherchant ce que je ne peux pas trouver
Ne demandant à personne, qui me réparera ?
Demandant à l'air, comment est-ce possible ?
Demandant, ne sachant jamais
Pourquoi ?

# SI JE POUVAIS...

Si je pouvais
    Retourner les mains du temps
    Je te ferais mienne
    Pour l'éternité

    Tu étais mon parapluie
    Un jour de pluie
    Quand tu souriais
    Tous mes problèmes s'évanouissaient
    Je vivais et je respirais
    Pour toi.

    Tu as murmuré tes douces paroles
    D'amour dans mon cœur
    Et je suis devenu fort
    Et spécial
    Et libre
    Tout ça parce que
    Tu m'as aimé
    Et le soleil a brillé à travers
    Quand je suis devenu un avec toi.

Mais comme une mélodie
Ton amour
S'est éteint
Et tout ce qui restait
C'était la répétition constante
D'une chanson qui continue à jouer
Encore et encore
Et qui ne veut pas lâcher
D'un esprit.

Si je pouvais revenir en arrière
Les mains du temps
Je te ferais mienne
Pour toute l'éternité
Pour l'éternité
L'éternité.

# MIROIR MIROIR

Miroir miroir
    Sur le mur
    Me rattraperas-tu
    Si je tombe ?
    Miroir miroir
    Que feras-tu
    Si les morceaux se brisent
    Et que l'obscurité devient toi ?

    Miroir miroir
    Sur le mur
    Peux-tu me dire pourquoi
    Mon reflet est si petit ?

# BROYEURS D'ORGUE

En rampant
  Le hall lugubre
  Pourpre putride
  Vert macabre
  Sentant la puanteur
  De la viande morte qui pourrit
  De la chair humaine
  En train de mourir
  Obscène.

  Voir la vieille femme
  A cheval sur le bassin
  Le jeune homme mort
  Mais respirant
  En rythme
  Avec le son
  Du goutte à goutte.

  Et par le bateau de l'amour
  Fenêtre
  Un homme est massacré

Tandis qu'un singe
Saute sur son dos
Et quelqu'un
Vêtu de blanc
Jette une seule pièce
dans sa casquette.

# REFLETS DANS UNE FLAQUE DE BOUE

Yeux verts noisette
  Vue narcissique
  D'un palais sous-marin

  Pensif
  Pourtant vide
  Parlant beaucoup
  De soi
  De soi à soi

  Réflexion
  Ne ressemble pas tout à fait
  ressemble pas tout à fait
  à son spectateur.

  Au plus profond
  Les eaux troubles
  Protégé des
  Des fautes, de la douleur

Et des souvenirs

Tournant
La chaussée liquide
En une grimace
Reflétant un sourire.

# ENCHAÎNÉS L'UN À L'AUTRE

L'eau tombe
  De ma bouche
  Dans ton seau
  Les pétales de rose
  Ont déjà
  été tamisés
  Processus de fusion
  Division nécessaire
  Raisons
  Les mêmes

  Installation de la peur
  Arrive avant
  La réception
  Du sérum de vérité
  Les rites du baptême
  Semblent enfin pertinents
  Mais la voix qui repousse
  La combinaison

S'unit puis se divise
Séparation inévitable

Il semble que nous ayons été
enchaînés
Ensemble ici
Pour toute une vie
Mais tu viens juste de prononcer ton nom
Je t'entends
Crier
Dans la nuit
Mais je ne peux pas t'atteindre
L'abîme est
Bien trop grand.

# SIGNE DES TEMPS

Quelque chose me rend fou
  Il me fait tourner en rond
  Quelque chose de si insupportable
  Que je pourrais même abandonner cet ami.

  Tu vois, il n'arrête pas de jacasser
  Il n'arrête pas de jacasser, 24 heures sur 24, 7 jours sur 7
  Peu importe que nous soyons seuls
  ou que nous fassions nos courses au 7-11.

  Partout où nous allons, ça arrive
  Et son attention est détournée de moi
  Il part dans un autre monde
  Et je suis avec lui, et pourtant seule.

  J'ai toujours envie de dire C'EST ÇA
  Je ne peux pas, je ne supporterai plus cela.
  Tu dois choisir, qui ce sera ?
  Ce serait moi qui passerais la porte.

Tu vois, je suis un monstre aux yeux verts
Une salope jalouse qui mérite d'être seule
Je sais que quand je suis léchée, je ne peux pas rivaliser
avec la sonnerie de son téléphone portable.

# LA RÉPONSE

Vous portez un masque
   Tout le temps
   Je ne peux pas te voir
   Le déguisement n'est pas un crime
   Mon coeur solitaire
   Me dit toujours
   Que tu pourrais être
   La réponse.

   Tu portes un masque
   Noir et bleu
   Tu es perdue
   Dans une teinte d'Halloween
   J'attends
   Par anticipation
   Tu ne peux pas voir
   Que tu pourrais être
   La réponse.

   Si je te demandais
   De l'enlever

De me montrer
Qui se cache derrière,,,
Rirais-tu ?
Et me narguerais-tu
Sachant que
Je dois être seul ?
Je me tiens devant toi
Voulant te connaître
Tu ne peux toujours pas voir
Que tu pourrais être
La réponse.

# LA MORT D'UN FLOCON DE NEIGE

Le flocon de neige s'est transformé en larme
  Il est mort instantanément
  Il n'a jamais émis le moindre son
  Ils tombent du ciel
  En forme d'étoile
  Et ne peuvent survivre
  Jusqu'à ce que le soleil prenne vie.

  De l'eau, de l'eau partout
  Nous marchons dessus sans nous en soucier
  Rien n'était et rien ne sera
  Ne pleure pas le destin.

# LE PASSÉ

S'élevant comme un vautour
  Par-dessus mon épaule
  Sourire en coin
  Sans fin
  En piqué
  Quand c'est nécessaire
  Souvent
  Semblant être
  Un ami
  Vulnérable
  Je suis
  Vous êtes
  Un ennemi
  Arrête de rôder
  Je ne suis pas prêt
  Lâche-moi la grappe
  Me traînant
  En bas
  Laisse tomber
  Le passé.

# UNSPOKEN

Beau lever de soleil
   Dans mon cœur
   Spectre de couleurs
   Art magnifique

   Mon esprit repose
   Sur ton épaule
   Des yeux bruns sur des bleus
   Tout ce que je suis
   Je le suis pour toi.

# DAME PASTÈQUE

J'étais un oiseau
  Une fois
  Mais je n'ai pas aimé la liberté
  Quand j'ai vu jusqu'où
  Je pouvais voler
  Sans me fatiguer
  Sur un siège, dans un avion
  Je désirais ardemment être un
  Gens
  Ils semblaient
  Fort et logique
  Et j'admirais comment
  Ils essayaient de
  de s'améliorer
  Tandis que je tournais en rond
  Portée par les rafales
  Et je regardais mes bébés
  mourir de faim
  Au printemps.

Et c'est ainsi que

Je suis devenue
Une dame pastèque
Planter et semer
Cueillir et vendre
Dormir
La moitié de la journée
Travailler pour un salaire de misère
Et regarder mes enfants
Mourir de faim toute l'année.

J'étais un oiseau
Autrefois
Et je n'aimais pas
La liberté
Et maintenant c'est
Ce que je veux être
Au lieu d'une
Femme pastèque.

J'étais un oiseau
Autrefois
Mais je n'ai pas aimé
La liberté,

L'herbe est toujours plus verte
L'herbe est toujours plus verte
C'est ce qu'ils disent toujours
Je préférerais redevenir un oiseau
Au lieu d'être une femme pastèque.

# SANS CŒUR

Pour vous emmener
  Dans
  La paume
  de ma
  Main et laisser ton
  cœur
  Courir à travers mes
  doigts comme
  Le sable
  Se mélangeant avec
  Les autres abominations
  Sur la plage.

  Pour te placer
  Dans un
  paquet de courrier,
  le sceller et
  Puis t'envoyer par la poste
  dans un pays
  pays en guerre
  CONTRE REMBOURSEMENT

Sans adresse de retour.

Pour vous mettre
En vitrine
Dans un verre
Cage
Et facturer
Paiement à la séance
Pendant que tout le monde
Tient des bâtons
sur vous.

Ensuite, je
Te sauverais
Capturant ton cœur
Seulement pour
L'écraser à nouveau.

# PASSOVER

Comme un morceau de papier brûlant dans un feu
   Comme la haine qui se transforme en désir
   Comme une rivière sans raison de dire la vérité
   J'ai perdu ma jeunesse.

   Maintenant je suis vieille et grise
   Ma beauté a pris des rides
   Et beaucoup de rêves ont été perdus
   Tout cela à un prix élevé.

   Aujourd'hui, je sors dans mon jardin
   Une vallée de violettes m'appelle
   Leur parfum me guide
   La nature et moi n'avons jamais été aussi forts.

   En regardant le ciel, les yeux nus
   Je vois un arc-en-ciel se frayer un chemin en fer à cheval
   Tout autour, des gouttelettes de pluie chantent
   L'herbe émeraude scintille.

   Mon âme aspire sans regret

Vers le ciel comme l'acier vers un aimant
Des fontaines murmurantes semblent
Sérénade mon voyage : Doux rêves.

# PRIS TROP TÔT

## (ÉCRIT APRÈS AVOIR ENTENDU LA NOUVELLE DE L'ASSASSINAT DE JOHN LENNON)

Et quand je n'ai plus pu me tenir debout
  TES JAMBES sont devenues les miennes.
  Et quand je n'ai plus pu pleurer
  TES LARMES sont devenues les miennes.
  Et quand je ne pouvais plus me trouver
  TON IDENTITÉ est devenue la mienne.
  Et quand je ne pouvais plus croire
  VOTRE BUT est devenu le mien.
  Et quand je ne pouvais plus parler
  VOS PAROLES sont devenues les miennes.
  Et quand je n'ai plus pu vivre
  Ta mort DEVENUE Mienne.

# MURMURE

Murmurez, murmurez, je murmure
Ce secret est le mien, seulement le mien
Je suis le seul à pouvoir faire chanter mon coeur

Peu importe la gentillesse que tu apportes
Mon esprit cherche un autre signe
Murmure, murmure, je murmure

Parfois une leçon est déchirante
Parfois, tu es tiré vers le haut
Je suis le seul à pouvoir faire chanter mon cœur

Enchaîné par ton anneau d'or
Dans ta zone de confort, tu t'allonges
Murmure, murmure, je murmure

Mon âme veut s'envoler sur une aile d'or
Là-haut, le monde sera à moi
Je suis le seul à pouvoir faire chanter mon cœur

Et pourtant je ne révèle rien

Car l'inconnu peut être sublime
Murmure, murmure, je murmure
Je suis le seul à pouvoir faire chanter mon cœur.

# SCARAMOUCHE

Son image
    Manque de substance
    Est encadré
    Par des éclats inutiles
    De son âme.
    Fragments
    Autrefois saignés
    Avec un combat
    Sont maintenant donnés librement
    Reflétant
    Le mépris de soi.

    CHORUS
    Ne laissons pas
    Ne laissons pas le vent
    De le renverser
    Reconstruisons
    Là où la réalité a
    Ouvert les vannes
    Rendons-le
    entier à nouveau

Donnons-lui
un but.

Scaramouche est révélé
La vérité ne peut être cachée.

CHORUS
Ne laissons pas
Ne laissons pas le vent
De le renverser
Reconstruisons
Là où la réalité a
Ouvert les vannes
Rendons-le
entier à nouveau
Donnons-lui
un but.

# EN MARCHANT SUR LE CHEMIN

En descendant le chemin
    Vers le Taj Mahal
    La société construisait des arbres
    Se préparant la chute.

    Les chapelles ouvraient leurs bras
    Au nouveau monde dans la prière
    Ils ont l'habitude de chercher la parole
    Auprès d'un devin fiable

    Ensuite, miroirs eye'd the yeux
    Qui étaient trop aveugles pour voir
    La naissance et l'origine
    de la créativité.

    Aujourd'hui, un peintre peint une cascade
    Et personne ne lui demande pourquoi
    Parce que nous comprenons que tout cela
    Pour un esprit dans le ciel.

C'est le nouveau millénaire
Où les traductions sont gratuites
Nous partageons nos vies en ligne
Créer un sentiment de fausse communauté.

Nous sommes tous nés citoyens
Sur les ailes d'une colombe
La réponse a toujours été la nôtre
En un mot, c'est l'amour.

# BARRIÈRE

Barrière qui se sépare
  Les murs respirent
  Excréments de formaldéhyde
  Empoisonnement des esprits
  Avec des bouts et des morceaux
  Sauveur
  Kaiser
  De tous les petits pains
  Barrière qui divise.

  Faire fondre l'air
  Avec des mots
  D'encouragement
  Les nuages de champignons
  Ne sont pas destinés à la consommation humaine
  Pourquoi percer
  Quand on peut
  S'effondrer ?
  Réflexions d'une
  prostituée en difficulté
  Lecture d'un passage biblique

Examiner les jours restants
De sa vie
Whore-marchand
De l'univers
Les mots s'envolent
Comme une chauve-souris dans la vallée
De la mort
Elle bat de l'aile
Pris au piège d'un
malentendu
d'un malentendu
Faire fondre l'air, faire fondre.

Barrière
Séparer
Fondre avec
Mots d'encouragement
Diviser l'un
L'un dans l'autre.

Je dérive
D'une pensée à l'autre
Cela n'a pas d'importance
Personne ne sait
Et le temps est sans fin
Mais il s'écoule
Et rien n'est fait
Et les souvenirs ne font que m'enchaîner
Dans cette futilité
Encore plus.

Quelqu'un crie
(ou c'est moi ?)
Dis-lui de se taire

(pourquoi je crie ?)

Un oiseau chante
Sur ma fenêtre
Je concentre toute l'énergie de ma vie
Sur lui
Et quand il s'envole
Mon esprit s'envole
Dans le bleu infini
Que je considérais autrefois
Je considérais comme acquis.

# LÉGER MALENTENDU

La prudence n'est pas de mise
   Le jeune homme a retiré son arme
   L'homme derrière le comptoir a tremblé
   Le garçon a promis qu'il ne ferait de mal à personne.

   L'enfant s'est échappé dans la rue
   Comme un nuage dans le ciel
   Il n'a jamais ressenti l'agonie de la défaite
   Il n'a pas entendu les sirènes

   Parce qu'un policier en fin de service
   L'a abattu en état de légitime défense
   L'étouffer dans l'œuf, courageusement
   Un mort de plus dans la mer de la violence

   Son insigne rayonnait au soleil
   Il n'y avait pas de pouls sur le garçon
   Avec précaution, le chevalier soulève l'arme
   Ce n'était qu'un jouet d'enfant.

# LE MACBETH

Quand tu descendras de ta montagne
Pour mon ordinateur au bord de la mer
Un traitement des données je serai ; chiffres.

Ecoute mon clavier
Bloquant la réalité
Musique de clics et de claquements
Pas besoin d'identité

Vous détestiez votre patron
Tu as saisi l'occasion
Vous avez déclenché une mutinerie
Maintenant vous êtes assis
Sur son trône
En envoyant des CPG
Aux pauvres qui sont payés
Pour pointer ponctuellement
Au bord de la mer

Vous irez à la chasse
Pour quoi

Je ne sais pas
Mais quand tu le trouveras
Tu sais où je serai
Un traitement de données
Au bord de la mer.

# PEUT-ÊTRE

Peut-être
  La symphonie
  joue
  trop fort
  Des larmes
  Se forment
  Dans mes yeux
  J'entends
  une chorale qui chante
  Dans mon esprit
  Il y a des paroles
  Qui sont chantées
  Mais les mots
  N'ont pas encore
  écrites

  Peut-être
  Mon imagination
  Joue
  des tours
  sur moi encore une fois

Tu es
une sérénade
Moi
Avec une
symphonie
Il n'y a pas de mots
Et pourtant
Les mots
Réverbèrent
Dans mon esprit.

# SIPHON

Un prêtre relèvera son col
    Pour se cacher de ce qui existe
    Un rasoir coupera dans le froid
    Pour siphonner les poignets qui saignent
    Un tigre se jette sur le cœur
    Déchirant le Samaritain
    Personne ne m'a dit que c'était bien
    Personne ne m'a dit que tu l'étais
    Mais tu étais sacrément bon
    J'en suis parfaitement sûr

    Maintenant tu t'envoles dans l'espace
    Respirant sur le verre
    Le givre paralyse ton visage
    Les cerveaux amputent le passé
    Raconte au monde entier
    Parce qu'ils veulent savoir
    Dis-leur comment tu as vendu ton âme
    Pour du poison dans une aiguille.

# LETTRES SANS RÉPONSE

Je t'ai écrit
  Parce que le soleil brillait
  Dans cet esprit pluvieux
  Chaque fois que je me souvenais de ton sourire.


  Je t'ai écrit
  Parce que tu m'as manqué
  Ton rire m'a manqué
  Et surtout ton doux contact.


  Je t'ai écrit
  Parce que tu as tenu mon cœur
  Dans la paume de ta main
  Et j'ai cru
  Peu importe la distance qui nous sépare
  Tu serais toujours là avec moi
  Et moi avec toi.

Je t'ai écrit
Demandant toute l'éternité
Mais était déjà partie
Et les lettres ont fondu avant que je puisse les envoyer

Je ne t'ai jamais écrit.

# PAPILLON

Papillon monarque
  S'élève dans les airs
  S'arrête momentanément
  Puis s'élève sans souci.
  Ses couleurs s'écoulent librement
  Comme de la peinture sur une toile
  Ses ailes embrassent le ciel
  Dans une sérénité décontractée :
  La beauté en mouvement.

  Dansant sur une fleur
  Avec la plus grande délicatesse
  Inconsciemment, elle affiche
  Supériorité
  Flottant comme une ballerine
  Il monte vers le ciel
  J'aspire à être aussi libre que
  Le papillon monarque.

# ÉVOLUTION

Les flocons de neige s'envolent dans la gouttière
Chuchotant des messages aux voyageurs en contrebas
Les peignes de feuillage persistant balaient les flocons
Recouvrant la terre d'un manteau de neige.

C'était un soir peu profond de la fin décembre
Une époque dont je préférerais ne pas me souvenir
Quand des anges sont tombés sur cette même terre
Envoyés par le maître pour déterminer notre valeur

Des images purificatrices se reflétant dans la piscine
Ils ont nourri et habillé chaque fou
Nous avons dansé jusqu'à ce que toutes les étoiles
descendent
Et les arbres ont hérité d'une couronne d'or

Le temps s'est envolé et d'autres rêves ont été réalisés
Les anges ont souri à tout le monde
Jusqu'à ce que toute la valeur étincelle et soit brillante
Brillant de la puissance d'une lumière céleste

Nous avons chanté à haute voix, une église, un chant
Et les non-croyants se sont joints à nous pour nous
rendre plus forts
Lorsque le Seigneur a rassemblé les âmes, certaines n'ont
pas été appelées
Elles sont nées dans la nature, et un nouveau monde
évolué.

# LE MONDE EN 60 SECONDES

## (EN FONCTION DE LA VITESSE DE LECTURE)

Pied dans la bouche
 Langue dans la chaussure
 Satellite
 La télévision aussi
 Harry Potter
 Welcome Back Kotter !
 Pris dans une distorsion temporelle
 Il n'y a pas d'endroit où aller
 Regarder le match de la mort
 Coup par coup
 Muzak de l'ascenseur
 Addicts défoncés au crack
 Rolling Stones

Kate Moss
Clouer Brian
Sur la croix
Les trains s'entrechoquent
Les ordinateurs s'écrasent !
Hi-tech
Star Trek
Réanimation bouche à bouche
Discrimination
Judge Judy
Vivre pour travailler
Tutti Fruity
Travailler pour vivre
Trop aveugle pour voir
Il faut voir pour croire
Rapper le christianisme
Exposer la virginité
Les télétubbies au courant
Deuil de la fin de la série Seinfeld
Fleurs Fleurs
Kensington Park
Jeanne d'Arc
Des lèvres qui brûlent !
Des dents qui grincent
Des enfants nés
Libérés du péché.
Couche d'ozone
Tueur de dragon
T-Rex
Même sexe
Le sexe se vend
Parler au téléphone...
Battre des ailes
Voler dans le ciel

Attraper des vagues
Les frites de Mickey D
Wal-mart
De cœur à cœur
Mooning sur la lune
La lune étrangers!
En dehors de la
de la poêle à frire !
Et aussi couru
Danseurs et danseuses
Habillé en GRATUIT
Personne ne semble le remarquer
Sauf l'empereur et moi.

# GOSPELAMER

L'araignée a rampé vers
Le ciel bleu poudre
Se transformant en une toile nuageuse
Qui a mis des années à s'étendre.

Alors qu'elle avait presque atteint sa destination
La vieille araignée grisonnante
Sans réfléchir à la situation
Tenta d'élargir sa toile !

Tourbillonnant bien trop imprudemment
Pour quelqu'un de l'âge d'or
L'ange appelé immortalité
Prend note de sa page

Il était enchaîné à la toile d'araignée
Le destin menaçait son chef-d'œuvre
Puis, miraculeusement, il a plu

Et il s'est libéré.


Il a plu pendant quarante jours et quarante nuits
Il ne semble pas y avoir de trace ou de marque
Juste une vieille araignée grisonnante
se frayant un chemin jusqu'à l'arche de Noé.

# A propos de l'auteur

L'auteure Cathy McGough, plusieurs fois récompensée, vit
et écrit en Ontario, au Canada.
vit et écrit dans l'Ontario, au Canada,
avec son mari, son fils, leurs deux chats et leur chien.

# Également par :

FICTION
L'enfant de tous
Le secret de Ribby
13 nouvelles (dont : Le parapluie et le vent ; La révélation
de Margaret ;
Le vin de pissenlit (FINALISTE DU PRIX DU LIVRE PRÉFÉRÉ
DES LECTEURS))
Entretiens avec des écrivains légendaires de l'au-delà (2ND
PLACE BEST LITERARY REFERENCE 2016 METAMORPH
PUBLISHING)
DÉESSE GRAND TAILLE
NON-FICTION
103 idées de collecte de fonds pour les parents bénévoles
des écoles et des équipes
Écoles et équipes (3EME PLACE BEST REFERENCE 2016
METAMORPH PUBLISHING.)
+ Livres pour enfants et jeunes adultes